Impressum
Verlag: BABADADA GmbH, Nedderfeld 112 , 22529 Hamburg
Geschäftsführer / Verlagsleitung: Harald Hof
Druck: Books on Demand GmbH, In de Tarpen 42, 22848 Norderstedt

Imprint
Publisher: BABADADA GmbH, Nedderfeld 112 , 22529 Hamburg, Germany
Managing Director / Publishing direction: Harald Hof
Print: Books on Demand GmbH, In de Tarpen 42, 22848 Norderstedt, Germany

школа

škola

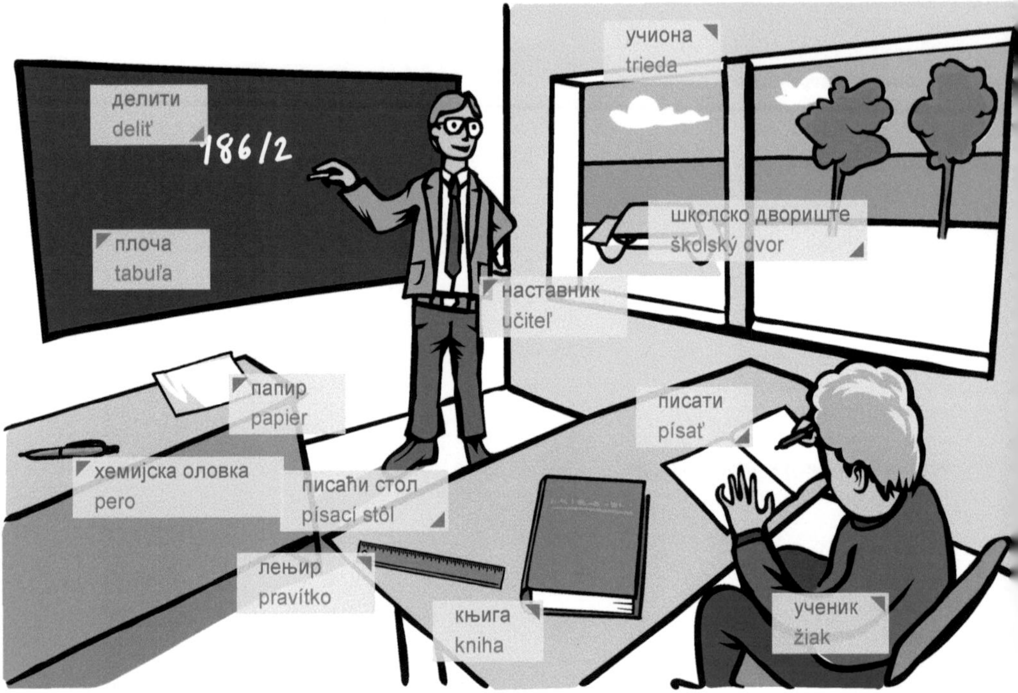

учиона
trieda
делити
deliť
186/2
плоча
tabuľa
школско двориште
školský dvor
наставник
učiteľ
папир
papier
писати
písať
хемијска оловка
pero
писаћи стол
písací stôl
лењир
pravítko
књига
kniha
ученик
žiak

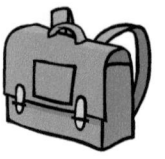

торба

školská taška

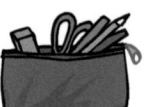

перница

peračník

графитна оловка

ceruza

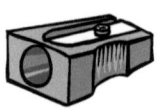

шиљило за оловке

strúhadlo na ceruzky

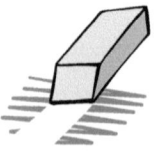

гумица за брисање

guma

блок за цртање

skicár

црцеж
kresba

кист
štetec

кутија са бојама
vodové farby

маказе
nožnice

лепило
lepidlo

бележница
cvičný zošit

домаћи задатак
domáca úloha

број
číslo

сабирати
sčítať

одузимати
odčítať

множити
násobiť

рачунати
počítať

слово
písmeno

абецеда
abeceda

реч
slovo

текст

text

читати

čítať

креда

krieda

час

hodina

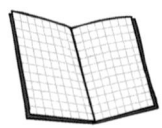

дневник

triedna kniha

испит

skúška

сведочанство

certifikát

школска униформа

školská uniforma

образовање

vzdelanie

лексикон

encyklopédia

универзитет

univerzita

микроскоп

mikroskop

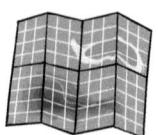

карта

mapa

кошара за папир

kôš na papier

путовање

cesta

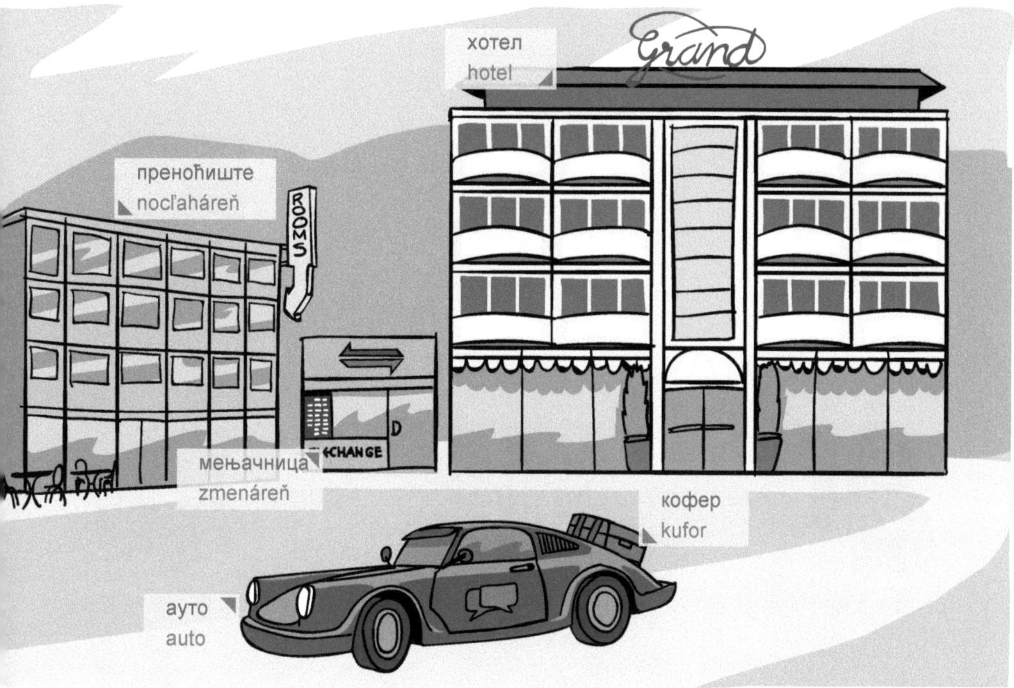
хотел
hotel
Grand
преноћиште
nocľaháreň
ROOMS
мењачница
zmenáreň
EXCHANGE
кофер
kufor
ауто
auto

језик

jazyk

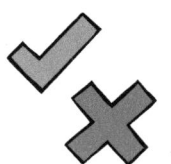

да / не

áno/nie

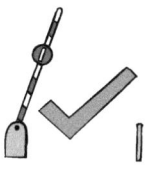

океј

v poriadku

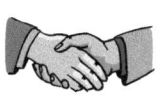

здраво

ahoj

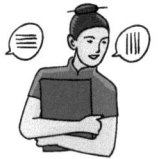

преводилац

prekladateľ

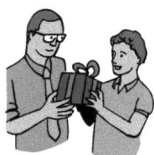

хвала

ďakujem

Колико кошта...?

Koľko stojí ... ?

не разумем

Nerozumiem

проблем

problém

добро вече!

Dobrý večer!

Добро јутро!

Dobré ráno!

Лаку ноћ!

Dobrú noc!

довиђења

Dovidenia

смер

smer

пртљага

batožina

торба

taška

руксак

batoh

гост

hosť

соба

izba

вређа за спавање

spacák

шатор

stan

туристичке информације

informácie pre turistov

плажа

pláž

кредитна картица

kreditná karta

доручак

raňajky

ручак

obed

вечера

večera

карта за вожњу

cestovný lístok

лифт

výťah

поштанска маркица

poštová známka

граница

hranica

царина

clo

амбасада

veľvyslanectvo

виза

vízum

пасош

cestovný pas

транспорт
doprava

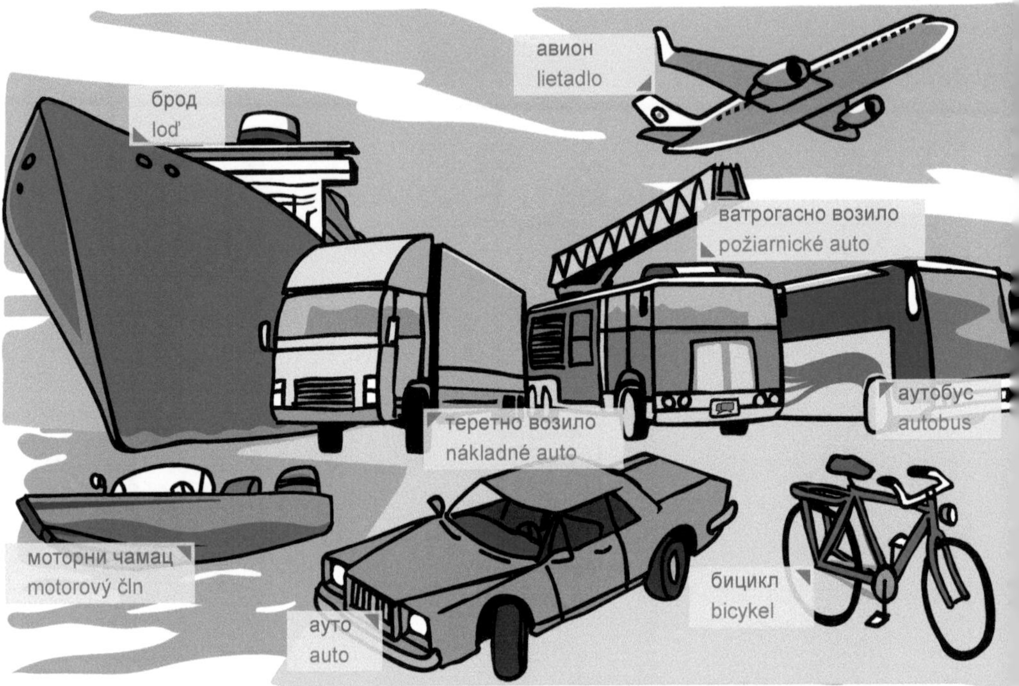

авион
lietadlo
брод
loď
ватрогасно возило
požiarnické auto
аутобус
autobus
теретно возило
nákladné auto
моторни чамац
motorový čln
бицикл
bicykel
ауто
auto

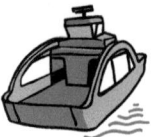

трајект

trajekt

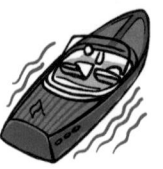

чамац

loď

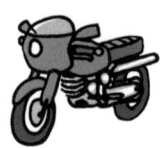

мотоцикл

motorka

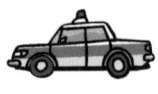

полицијски ауто

policajné auto

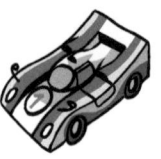

тркаћи ауто

pretekárske auto

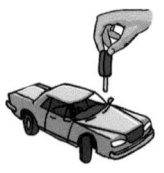

изнајмљено ауто

vozidlo z požičovne

делење аутомобила

carsharing

вучно возило

odťahové auto

возило за одвоз смећа

smetiarske auto

мотор

motor

бензин

benzín

бензинска станица

čerpacia stanica

саобраћајни знак

dopravná značka

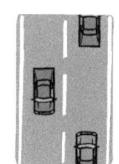

саобраћај

premávka

застој

zápcha

паркиралиште

parkovisko

железничка станица

vlaková stanica

шине

trate

воз

vlak

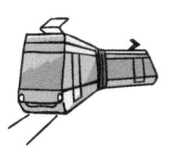

трамвај

električka

вагон

vagón

хеликоптер

helikoptéra

аеродром

letisko

кула

veža

путник

pasažier

контејнер

kontajner

картон

kartón

колица

vozík

корпа

kôš

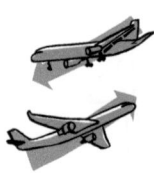

узлетети / слетети

štartovať / pristáť

град

mesto

село

dedina

центар града

centrum mesta

кућа

dom

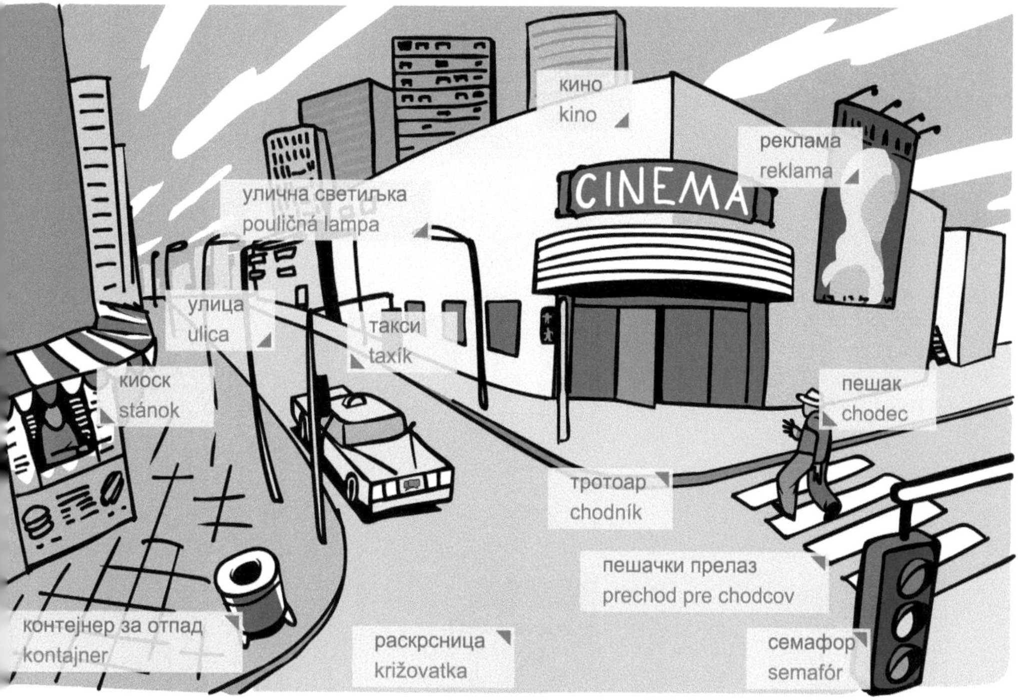

кино
kino
реклама
reklama
CINEMA
улична светиљка
pouličná lampa
улица
ulica
такси
taxík
киоск
stánok
пешак
chodec
тротоар
chodník
пешачки прелаз
prechod pre chodcov
контејнер за отпад
kontajner
раскрсница
križovatka
семафор
semafór

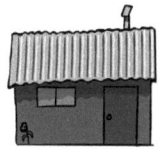

колиба

chata

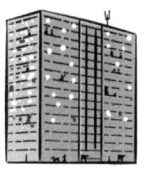

стан

byt

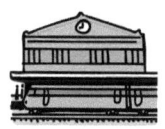

железничка станица

vlaková stanica

већница

radnica

MUSEUM

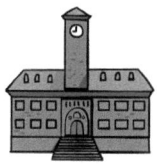

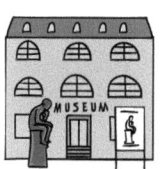

музеј

múzeum

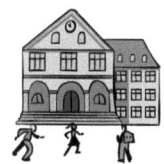

школа

škola

универзитет

univerzita

банка

banka

болница

nemocnica

хотел

hotel

апотека

lekáreň

канцеларија

kancelária

књижара

kníhkupectvo

продавница

obchod

цвећара

kvetinárstvo

супермаркет

supermarket

трг

trh

робна кућа

obchodný dom

рибарница

obchodník s rybami

трговачки центар

nákupné stredisko

лука

prístav

парк
park

клупа
lavička

мост
most

степенице
schody

подземна железница
metro

тунел
tunel

аутобуска станица
autobusová zastávka

бар
bar

ресторан
reštaurácia

поштанско сандуче
poštová schránka

улични знак
tabuľa s názvom ulice

паркирни аутомат
parkovacie hodiny

зоолошки врт
ZOO

базен
plaváreň

џамија
mešita

сеоско газдинство

farma

загађење околине

znečisťovanie životného prostredia

гробље

cintorín

црква

kostol

игралиште

ihrisko

храм

chrám

пејсаж
terén

лист
list

путоказ
smerová tabuľa

пут
cesta

ливада
lúka

камен
kameň

дрво
strom

шетач
turista

река
rieka

трава
tráva

цвет
kvet

долина
dolina

планина
kopec

језеро
jazero

шума
les

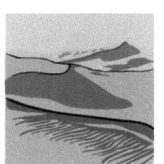

пустиња
púšť

вулкан
vulkán

дворац
zámok

дуга
dúha

гљива
hríb

палма
palma

москито
komár

мува
mucha

мрав
mravec

пчела
včela

паук
pavúk

буба

chrobák

жаба

žaba

веверица

veverička

јеж

jež

зец

zajac

сова

sova

птица

vták

лабуд

labuť

дивља свиња

diviak

јелен

jeleň

лос

los

насип

hrádza

ветрењача

veterná turbína

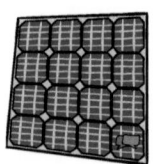

соларна плоча

solárny panel

клима

podnebie

ресторан
reštaurácia

конобар
čašník

јеловник
jedálny lístok

столица
stolička

супа
polievka

пица
pizza

прибор за јело
príbor

столњак
obrus

предјело
predjedlo

главно јело
hlavné jedlo

десерт
zákusok

напитци
nápoje

јело
jedlo

флаша
fľaša

брза храна

fast-food

имбис храна

street food

чајник

kanvica na čaj

доза за шећер

cukornička

порција

porcia

апарат за еспресо

stroj na espresso

висока столица

detská stolička

рачун

účet

послужавник

podnos

нож

nôž

виљушка

vidlička

кашика

lyžica

чајна кашика

čajová lyžička

салвета

obrúsok

чаша

pohár

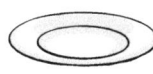

тањир

tanier

тањир за супу

hlboký tanier

тањирић

podšálka

сос

omáčka

сољенка

soľnička

млин за бибер

mlynček na korenie

сирће

ocot

уље

olej

зачини

korenie

кечап

kečup

сенф

horčica

мајонеза

majonéza

супермаркет

supermarket

понуда
špeciálna ponuka
FOR
купац
klient
млечни производи
mliečne výrobky
воће
ovocie
колица за куповину
nákupný vozík

BUTCHERS

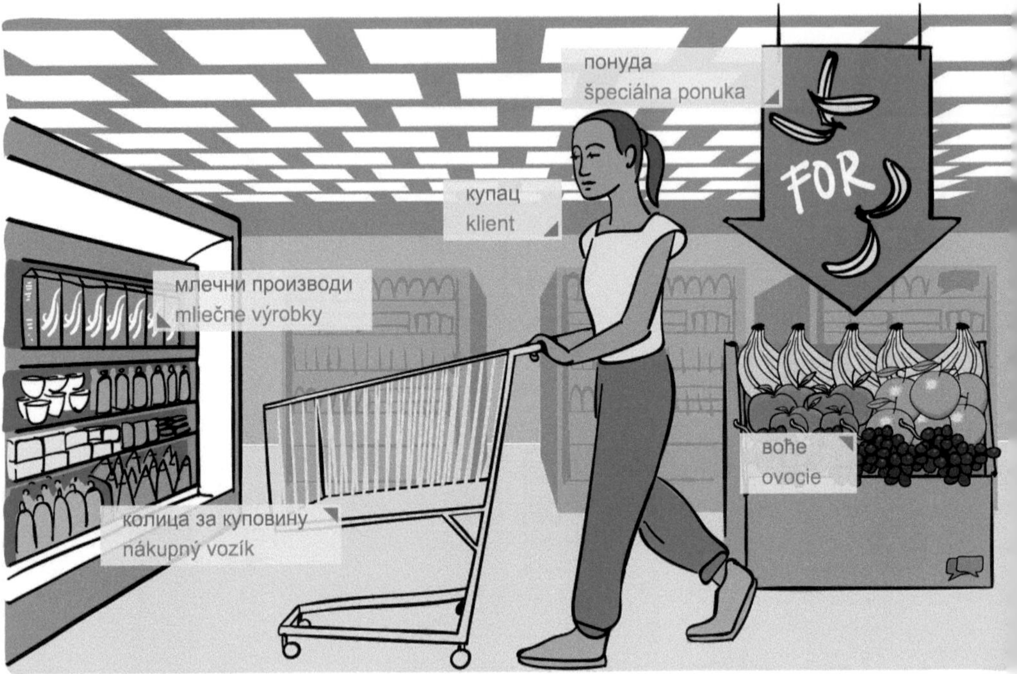

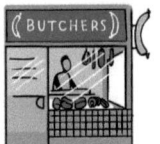

месница

mäsiarstvo

BAKERY

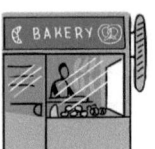

пекара

pekáreň

вагати

vážiť

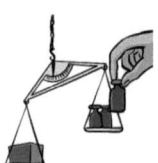

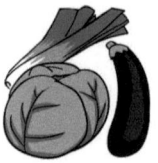

поврће

zelenina

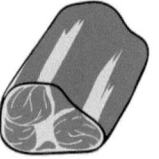

месо

mäso

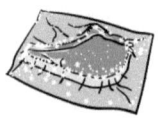

смрзнута храна

mrazené potraviny

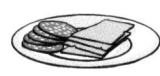

нарезак

nárez

конзерве

konzervy

средство за прање

prací prostriedok

слаткиши

sladkosti

артикли за домаћинство

domáce potreby

средства за чишћење

čistiace prostriedky

продавачица

predavačka

благајна

pokladňa

благајник

pokladník

листа за куповину

nákupný zoznam

време рада

otváracie hodiny

новчаник

peňaženka

кредитна картица

kreditná karta

торба

taška

пластична кеса

plastové vrecko

вода

voda

сок

džús

млеко

mlieko

кола

kola

вино

víno

пиво

pivo

алкохол

alkohol

какао

kakao

чај

čaj

кава

káva

еспресо

espresso

капућино

kapučíno

банана

banán

јабука

jablko

наранџа

pomaranč

лубеница

melón

лимун

citrón

шаргарепа

mrkva

бели лук

cesnak

бамбус

bambus

лук

cibuľa

гљива

hríb

орашасти плодови

orechy

резанци

rezance

шпагете

špagety

рижа

ryža

салата

šalát

помфрит

hranolky

печени крумпир

pečené zemiaky

пица

pizza

хамбургер

hamburger

сендвич

obložený chlebík

шницла

rezeň

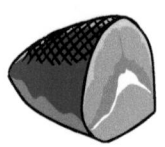

шунка

šunka

салама

saláma

кобасица

klobása

кокош

kurča

печење

pečené mäso

риба

ryba

зобене пахуљице

ovsené vločky

мусли

müsli

кукурузне пахуљице

kukuričné lupienky

брашно

múka

кроасан

croissant

пециво

pečivo

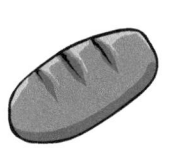

хлеб

chlieb

тоаст

hrianka

кекси

sušienky

маслац

maslo

свежи сир

tvaroh

колач

koláč

jaje

vajce

jaje на око

volské oko

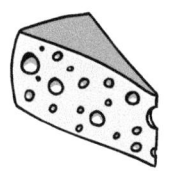

сир

syr

сладолед

zmrzlina

шећер

cukor

мед

med

мармелада

lekvár

нугат крема

nugátová nátierka

кари

karí korenie

сеоско газдинство
farma

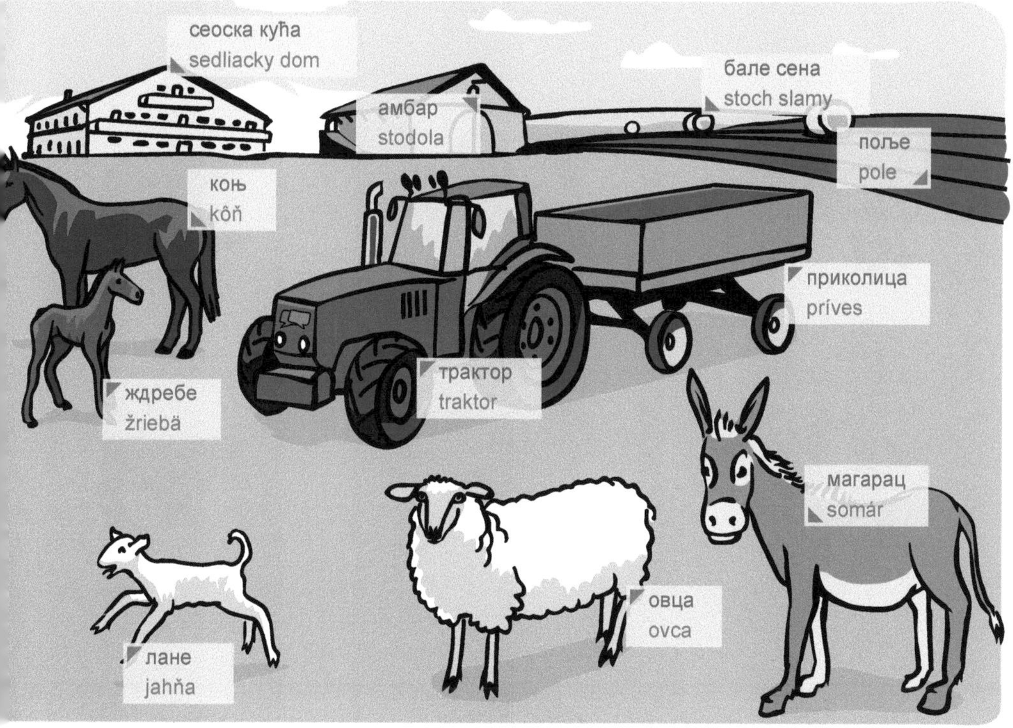
сеоска кућа
sedliacky dom
бале сена
stoch slamy
амбар
stodola
поље
pole
коњ
kôň
приколица
príves
трактор
traktor
ждребе
žriebä
магарац
somár
овца
ovca
лане
jahňa

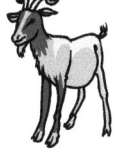

коза
koza

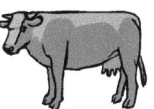

крава
krava

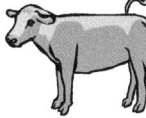

теле
teľa

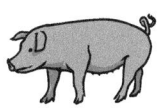

свиња
prasa

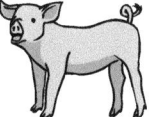

прасе
prasiatko

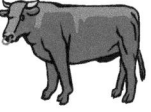

бик
býk

гуска

hus

патка

kačica

пилићи

kuriatko

кокош

sliepka

петао

kohút

пацов

potkan

мачка

mačka

миш

myš

вол

vôl

пас

pes

кућица за пса

psia búda

вртно црево

záhradná hadica

канта за поливање

krhla

коса

kosa

плуг

pluh

срп

kosák

мотика

motyka

виљушка за ђубриво

vidly na hnoj

секира

sekera

тачке

fúrik

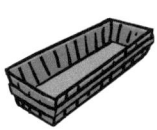

корито

koryto

посуда за млеко

kanva na mlieko

вређа

vrece

ограда

plot

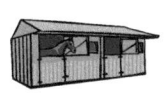

штала

maštaľ

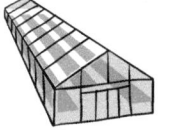

стакленик

skleník

земља

pôda

семе

osivo

ђубриво

hnojivo

комбајн

kombajn

жети
žať

жетва
žatva

јамс зачин
batát

пшеница
pšenica

соја
sója

крумпир
zemiak

кукуруз
kukurica

уљана репица
repka

воћка
ovocný strom

гомољ маниоке
maniok

житарице
obilie

куħа

dom

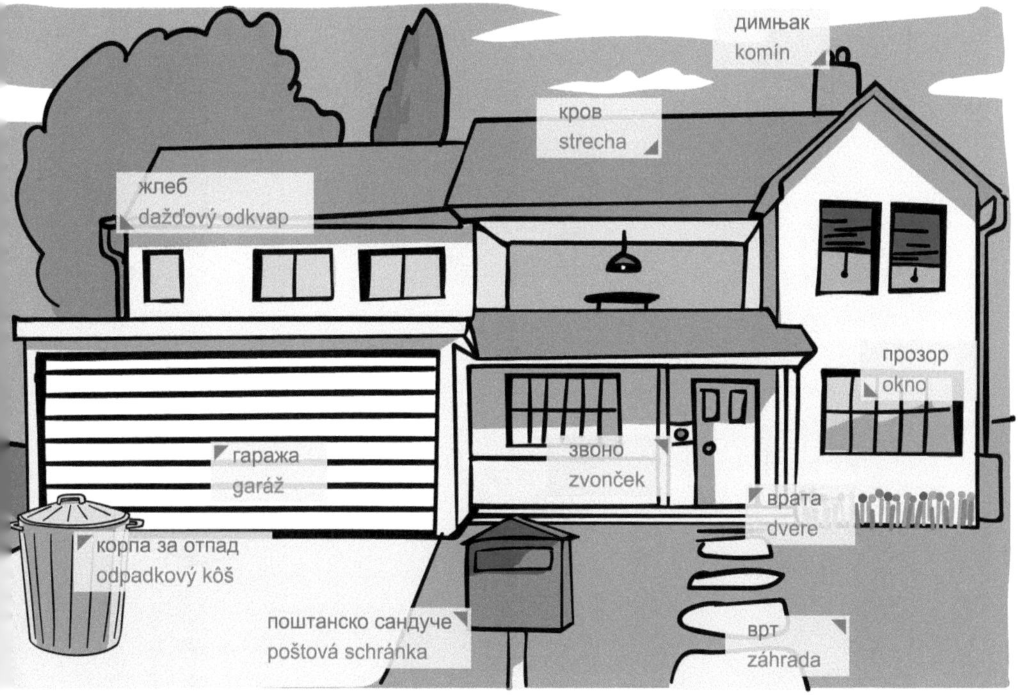

димњак
komín
кров
strecha
жлеб
dažďový odkvap
прозор
okno
гаража
garáž
звоно
zvonček
врата
dvere
корпа за отпад
odpadkový kôš
поштанско сандуче
poštová schránka
врт
záhrada

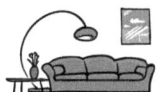

дневна соба

obývačka

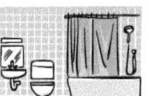

купаоница

kúpeľňa

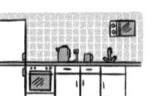

кухиња

kuchyňa

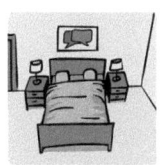

спаваћа соба

spálňa

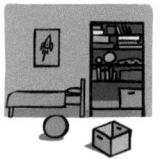

дечија соба

detská izba

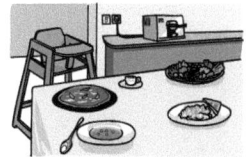

трпезарија

jedáleň

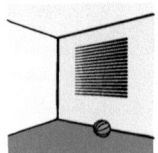

под
....
podlaha

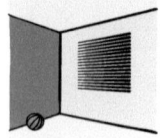

зид
....
stena

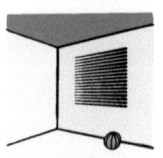

строп
....
strop

подрум
....
pivnica

сауна
....
sauna

балкон
....
balkón

тераса
....
terasa

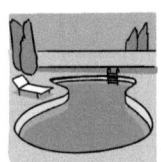

базен
....
bazén

косилица за траву
....
kosačka

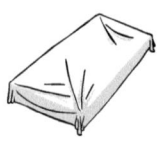

постељина за кревет
....
obliečka

дека за кревет
....
posteľná prikrývka

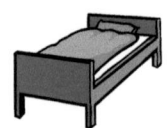

кревет
....
posteľ

метла
....
metla

канта
....
vedro

прекидач
....
vypínač

дневна соба
obývačka

тапета
tapeta
слика
obraz
светиљка
lampa
регал
regál
ормар
skriňa
телевизија
televízor
камин
kozub
цвет
kvet
јастук
vankúš
кауч
pohovka
ваза
váza
даљински управљач
diaľkové ovládanie

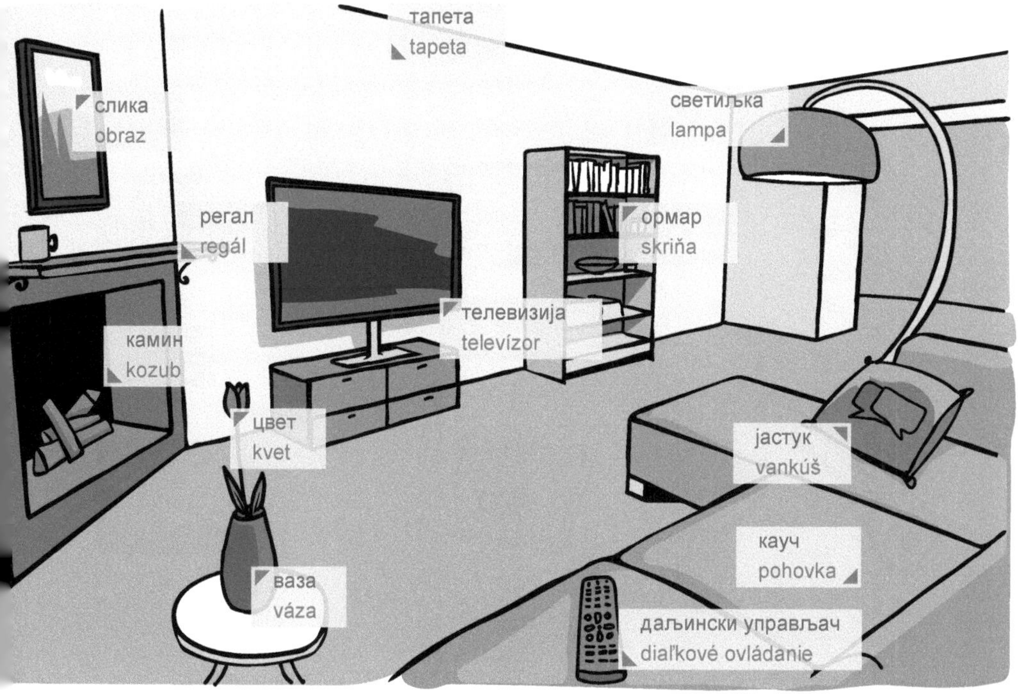

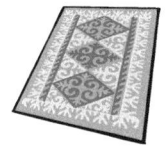

тепих
koberec

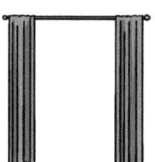

завеса
záclona

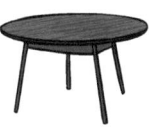

сто
stôl

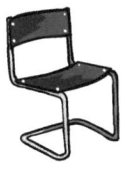

столица
stolička

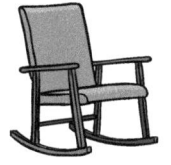

столица за њихање
hojdacie kreslo

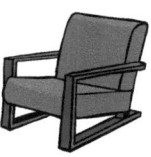

фотеља
kreslo

књига

kniha

дека

prikrývka

декорација

dekorácia

дрво за огрев

drevo na kúrenie

филм

film

хи-фи уређај

hi-fi veža

кључ

kľúč

новине

noviny

слика на платну

maľba

постер

plagát

радио

rádio

блок за писање

zápisník

усисивач

vysávač

кактус

kaktus

свећа

sviečka

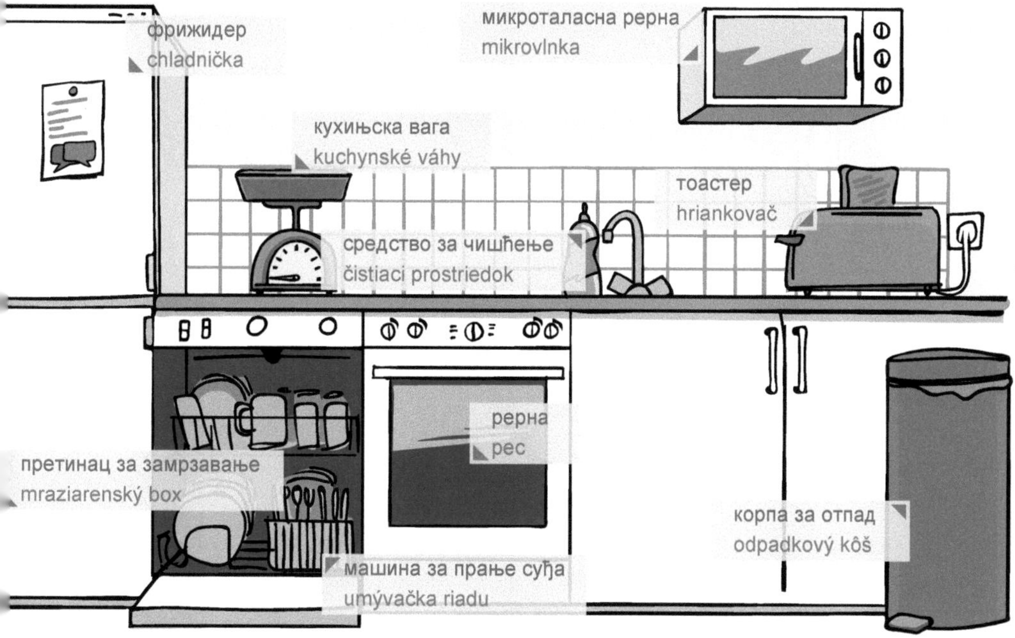

фрижидер
chladnička

микроталасна рерна
mikrovlnka

кухињска вага
kuchynské váhy

тоастер
hriankovač

средство за чишћење
čistiaci prostriedok

рерна
pec

претинац за замрзавање
mraziarenský box

корпа за отпад
odpadkový kôš

машина за прање суђа
umývačka riadu

шпорет

sporák

лонац

hrniec

гвоздени лонац

železný hrniec

вок / кадаи

wok / kadai

тава

panvica

кувало за воду

rýchlovarná kanvica

кувало на пару

parný hrniec

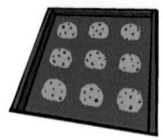

лим за печење

plech na pečenie

посуђе

riad

чаша

pohár

посуда

misa

штапићи за јело

paličky

кутлача

naberačka na polievku

лопатица

stierka

пењача

metlička

сито за кување

cedidlo

сито

sitko

рибеж

strúhadlo

мужар

mažiar

роштиљ

gril

огњиште

ohnisko

даска
doska na krájanie

оклагија
valček na cesto

вадичеп
vývrtka

конзерва
konzerva

отварач конзерви
otvárač na konzervy

крпа за лонац
chňapka

судопер
výlevka

четка
kefa

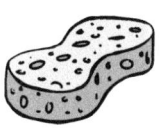

сунђер
hubka

миксер
mixér

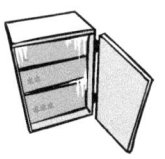

замрзивач
mraznička

флашица за бебе
kojenecká fľaša

славина за воду
vodovodný kohútik

купаоница

kúpeľňa

туш
sprcha
грејање
kúrenie
пешкир
uterák
завеса за туш
sprchový záves
пенушава купка
pena do kúpeľa
када
vaňa
чаша
pohár
машина за прање веша
práčka
славина за воду
vodovodný kohútik
плочице
dlaždice
тута
nočník
судопер
výlevka

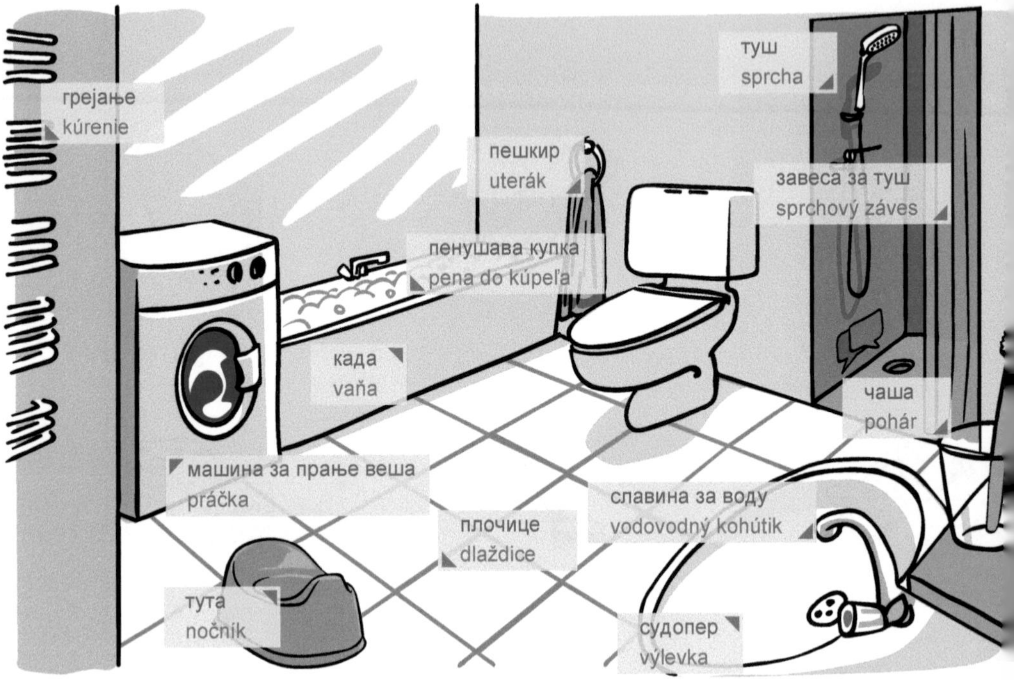

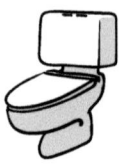

тоалет

záchod

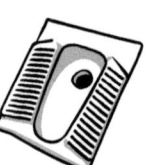

чучавац

suchý záchod

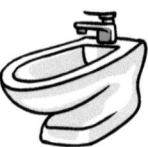

бидет

bidet

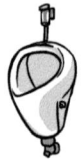

писоар

pisoár

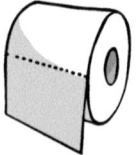

тоалетни папир

toaletný papier

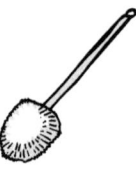

четка за тоалет

záchodová kefa

четкица за зубе

zubná kefka

паста за зубе

zubná pasta

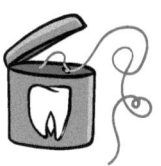

конац за зубе

dentálna niť

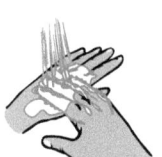

прати

umývať

туш ручица

ručná sprcha

туш за прање интимних делова

sprcha pre intímnu hygienu

лавор

umývadlo

четка за прање леђа

kefa na chrbát

сапун

mydlo

гел за туширање

sprchový gél

шампон

šampón

крпа за прање

frotírová rukavica

одвод

odtok

крема

krém

дезодоранс

dezodorant

огледало
zrkadlo

козметичко огледало
kozmetické zrkadlo

бријач
žiletka

пена за бријање
pena na holenie

лосион за после бријања
voda po holení

чешаљ
hrebeň

четка
kefa

фен за косу
sušič vlasov

спреј за косу
sprej na vlasy

шминка
make-up

руж за усне
rúž

лак за нокте
lak na nechty

вата
vata

маказе за нокте
nožnice na nechty

парфем
parfum

козметичка торбица

kozmetická taška

столица

stolček

вага

váha

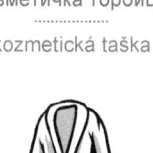

огртач

kúpací plášť

рукавице за чишћење

gumové rukavice

тампон

tampón

уложак

menštruačná vložka

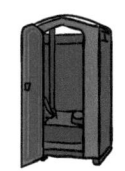

хемијски тоалет

chemické WC

дечија соба
detská izba

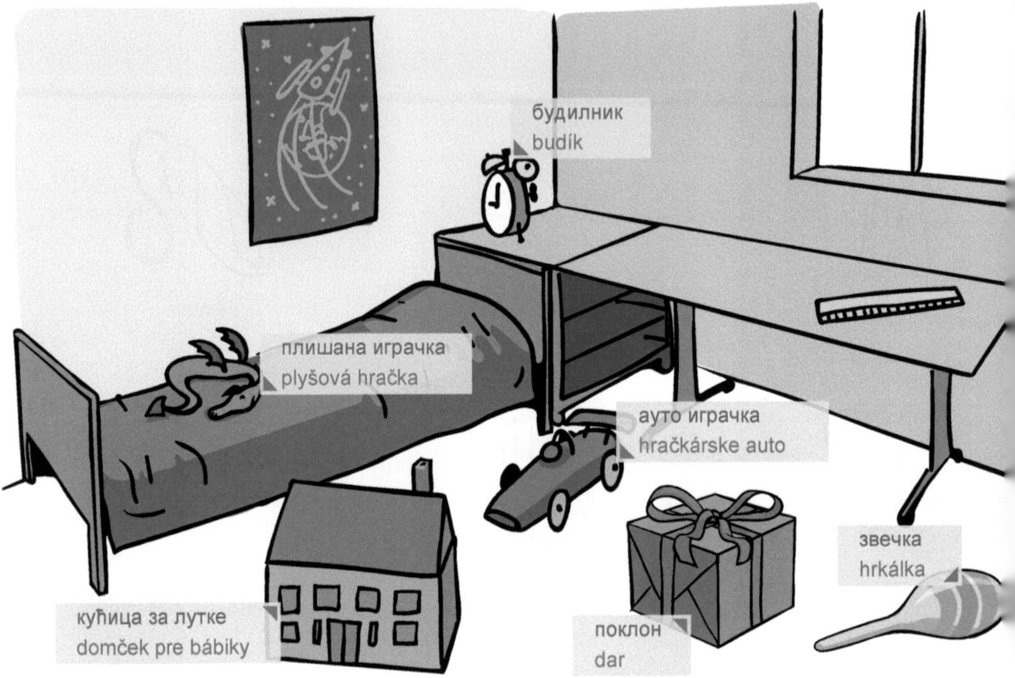
будилник
budík
плишана играчка
plyšová hračka
ауто играчка
hračkárske auto
звечка
hrkálka
кућица за лутке
domček pre bábiky
поклон
dar

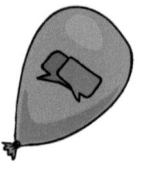

балон

balón

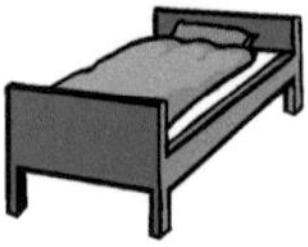

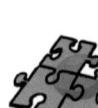

кревет

posteľ

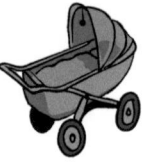

дјечија колица

detský kočík

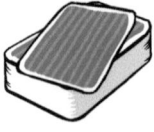

игра са картама

karty

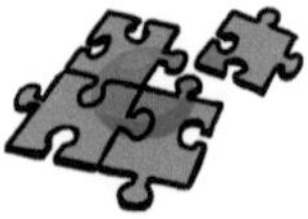

слагалица

puzzle

SUPER
MEGA

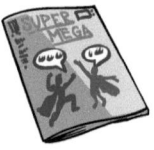

стрип

komix

лего коцкице

skladačka lego

коцкице за слагање

stavebnica

акциони јунак

akčná postavička

бенкица за бебе

dupačky

фризби

lietajúci tanier

висеће играчке

závesné hračky

друштвене игре

stolová hra

коцка

kocka

минијатурна жељезница

modelový vláčik

дуда

cumlík

забава

párty

сликовница

obrázková kniha

лопта

lopta

лутка

bábika

играти

hrať sa

пешчаник

pieskovisko

љуљачка

hojdačka

играчка

hračky

конзола за игре

hracia konzola

трицикл

trojkolka

теди

medvedík

ормар

šatník

одећа
šatstvo

кратке чарапе

ponožky

чарапе

pančuchy

хулахопке

pančuchové nohavičky

шал
šál

каиш
opasok

кишобран
dáždnik

мајица
tričko

чизме
čižmy

патике
tenisky

папуче
papuče

сандале
sandále

ципеле
topánky

гумене чизме
gumáky

гаћице
spodky

грудњак
podprsenka

поткошуља
tielko

одећа - šatstvo

45

боди

body

панталоне

nohavice

фармерке

džínsy

сукња

sukňa

блуза

blúzka

кошуља

košeľa

џемпер

pulóver

џемпер с капуљачом

sveter

сако

blejzer

јакна

bunda

мантил

kabát

кабаница

pršiplášť

костим

kostým

хаљина

šaty

венчаница

svadobné šaty

одело

oblek

спаваћица

nočná košeľa

пиџама

pyžamo

сари

sari

марама за главу

šatka na hlavu

турбан

turban

бурка

burka

кафтан

kaftan

абаја

abaja

купаћи костим

dvojdielne plavky

купаће гаћице

plavky

кратке панталоне

šortky

одећа за тренинг

tepláková súprava

кецеља

zástera

рукавице

rukavice

дугме

gombík

наочаре

okuliare

наруквица

náramok

огрлица

retiazka

прстен

prsteň

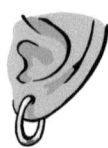

наушница

náušnica

капа

čiapka

вешалица

vešiak

шешир

klobúk

кравата

kravata

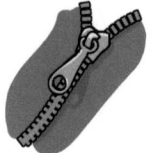

патент затварач

zips

кацига

prilba

нараменице

traky

школска униформа

školská uniforma

униформа

uniforma

подбрадак

podbradník

дуда

cumlík

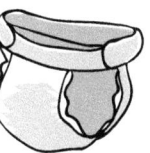

пелена

plienka

канцеларија
kancelária

ормар за списе
skriňa na spisy

сервер
server

штампач
tlačiareň

монитор
monitor

папир
papier

писаћи сто
písací stôl

миш
myš

мапа
zakladač

тастатура
klávesnica

кошара за папир
kôš na papier

столица
stolička

компјутер
počítač

шалица за каву

hrnček na kávu

калкулатор

kalkulačka

интернет

internet

лаптоп
laptop

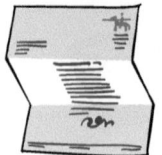

писмо
list

порука
správa

мобилни телефон
mobil

мрежа
sieť

уређај за копирање
kopírka

софтвер
softvér

телефон
telefón

утичница
elektrická zásuvka

факс
fax

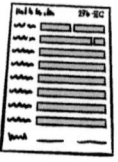

формулар
formulár

документ
doklad

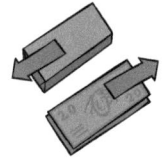

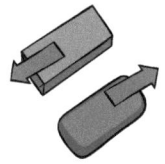

куповати	платити	трговати
kúpiť	platiť	obchodovať

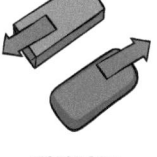

новац	долар	евро
peniaze	dolár	euro

јен	рубља	швајцарски франак
jen	rubeľ	švajčiarsky frank

ренминдби јуан	рупија	аутомат за новац
čínsky jüan	rupia	bankomat

мењачница

zmenáreň

злато

zlato

сребро

striebro

нафта

ropa

енергија

energia

цена

cena

уговор

zmluva

порез

daň

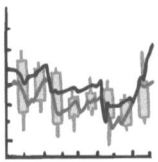

деонице

akcia

радити

pracovať

службеник

zamestnanec

послодавац

zamestnávateľ

фабрика

továreň

продавница

obchod

занимања
povolania

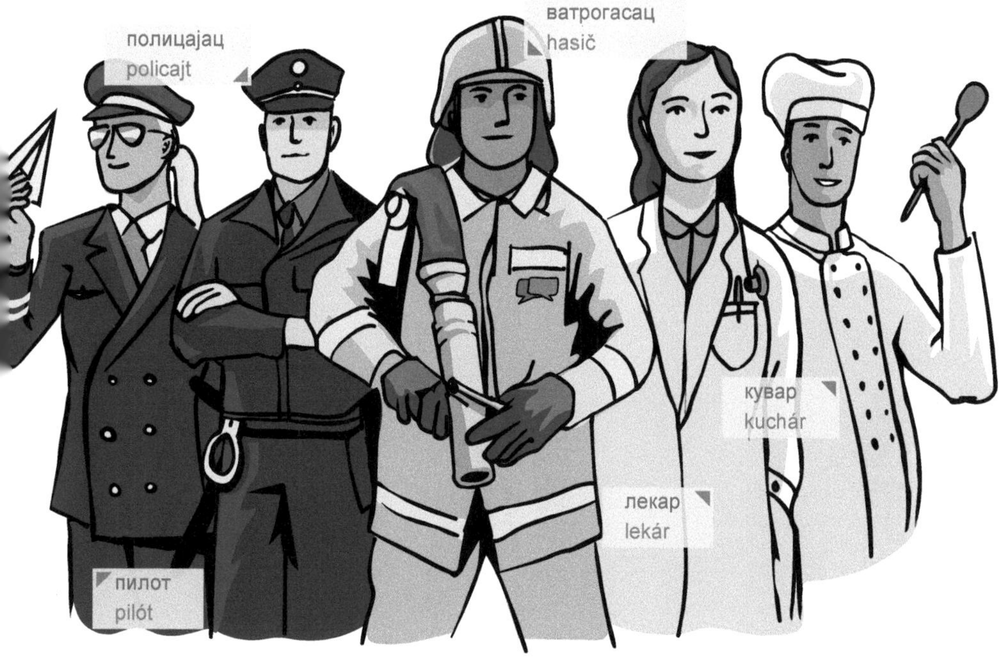
полицајац
policajt
ватрогасац
hasič
кувар
kuchár
лекар
lekár
пилот
pilót

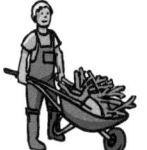

вртлар

záhradník

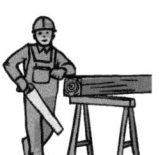

столар

stolár

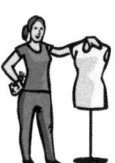

кројачица

krajčírka

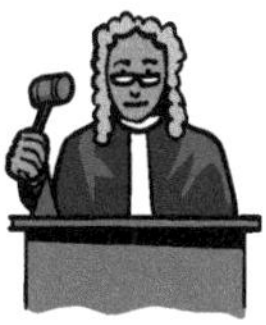

судија

sudca

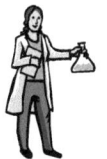

хемичар

chemik

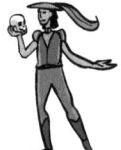

глумац

herec

возач аутобуса

vodič autobusu

возач таксија

taxikár

рибар

rybár

чистачица

upratovačka

кровопокривач

pokrývač

конобар

čašník

ловац

poľovník

сликар

maliar

пекар

pekár

електричар

elektrikár

грађевински радник

stavebný robotník

инжењер

inžinier

месар

mäsiar

лимар

klampiar

поштар

poštár

војник

vojak

архитекта

architekt

благајник

pokladník

цвећар

kvetinár

фризер

kaderník

кондуктер

sprievodca

механичар

mechanik

капетан

kapitán

зубар

zubár

научник

vedec

раби

rabín

имам

imám

монах

mních

свећеник

farár

алати

náradie

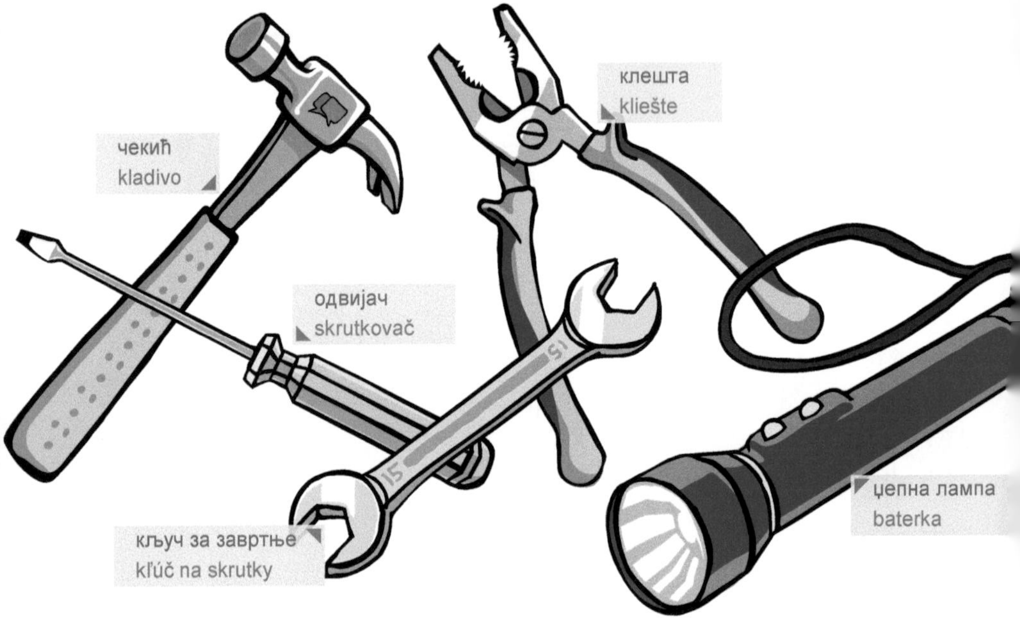

чекић
kladivo
клешта
kliešte
одвијач
skrutkovač
кључ за завртње
kľúč na skrutky
џепна лампа
baterka

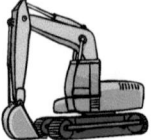

багер

bager

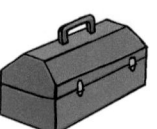

кутија за алат

súprava náradia

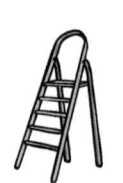

мердевине

rebrík

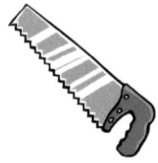

пила

pílka

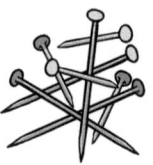

ексер

klince

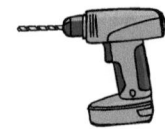

бушилица

vrták

поправити

opraviť

лопата

lopata

до ђавола!

Do čerta!

лопатица

lopatka na smeti

лонац за боју

nádoba s farbou

завртањи

skrutky

музички инструмент
hudobné nástroje

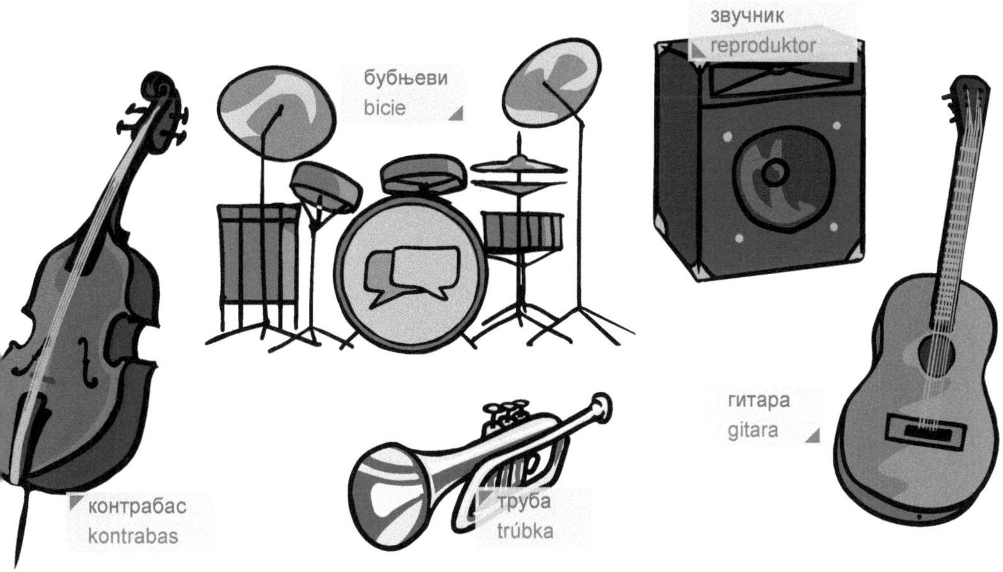

звучник
reproduktor

бубњеви
bicie

контрабас
kontrabas

труба
trúbka

гитара
gitara

клавир

klavír

виолина

husle

бас

basa

тимпани

tympany

удараљке за бубњеве

bubon

типке клавира

klávesnica

саксофон

saxofón

флаута

flauta

микрофон

mikrofón

зоолошки врт
ZOO

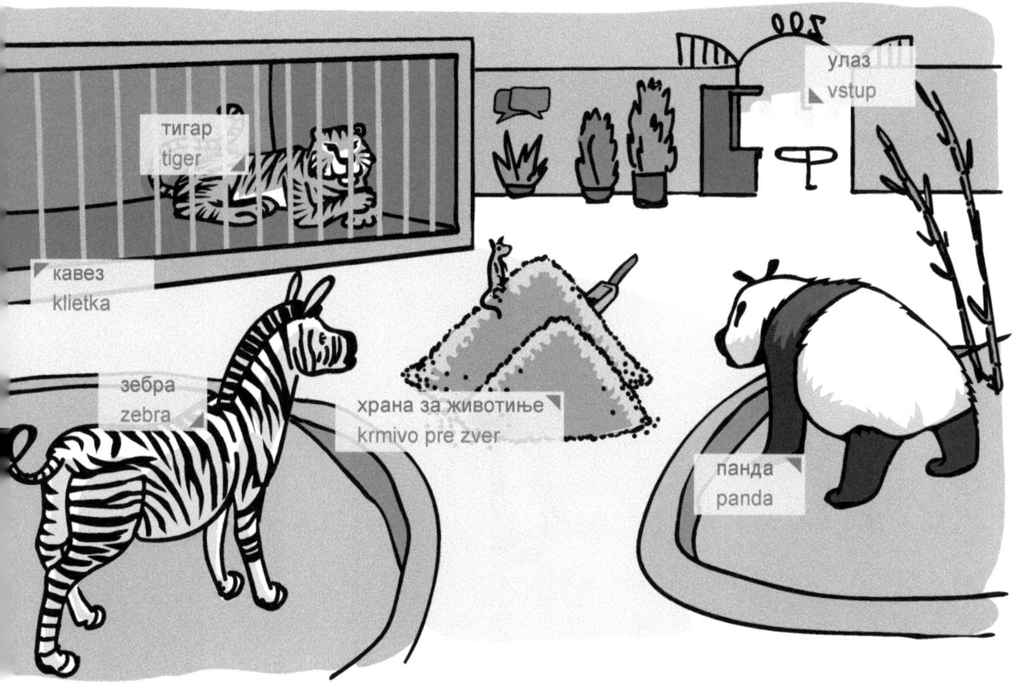
тигар
tiger
кавез
klietka
зебра
zebra
храна за животиње
krmivo pre zver
панда
panda
улаз
vstup

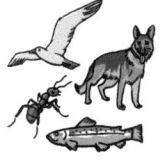

животиње

zvieratá

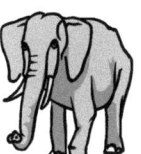

слон

slon

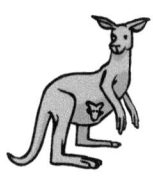

кенгур

klokan

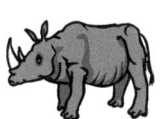

носорог

nosorožec

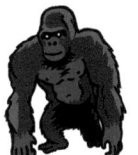

горила

gorila

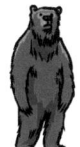

медвед

medveď

камила

ťava

нoj

pštros

лав

lev

мajмун

opica

фламинго

plameniak

папагај

papagáj

поларни медвед

ľadový medveď

пингвин

tučniak

ајкула

žralok

паун

páv

змија

had

крокодил

krokodíl

чувар у зоолошком врту

ošetrovateľ v ZOO

туљан

tuleň

јагуар

jaguár

пони

poník

леопард

leopard

нилски коњ

hroch

жирафа

žirafa

орао

orol

дивља свиња

diviak

риба

ryba

корњача

korytnačka

морж

mrož

лисица

líška

газела

gazela

амерички ногомет
americký futbal

бициклизам
cyklistika

тенис
tenis

кошарка
basketbal

пливање
plávanie

бокс
box

хокеј на леду
hokej

фудбал
futbal

бадминтон
bedminton

атлетика
ľahká atletika

рукомет
hádzaná

скијање
lyžovanie

поло
pólo

активности
aktivity

скочити
skočiť
загрлити
objať
смејати се
smiať sa
ићи
chodiť
певати
spievať
сањати
snívať
молити се
modliť sa
пољубити
pobozkať

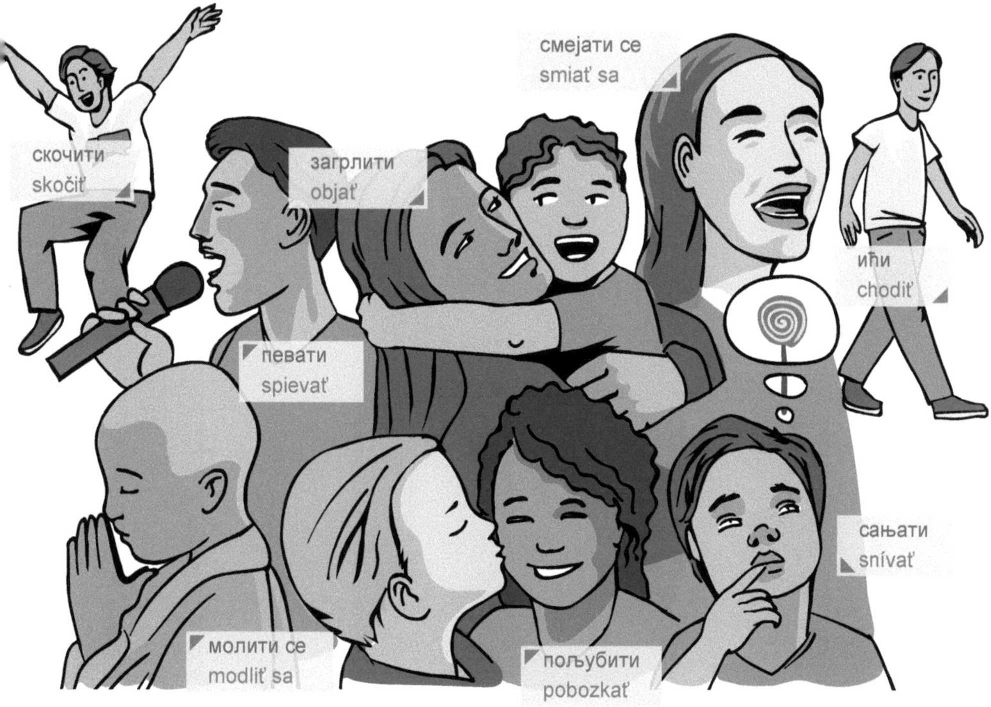

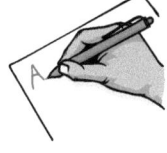

писати

písať

цртати

kresliť

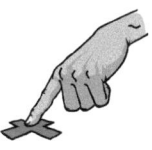

показати

ukázať

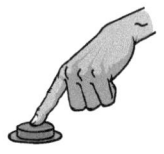

гурати

tlačiť

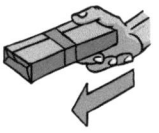

дати

dať

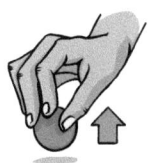

узети

brať

имати

mať

чинити

robiť

бити

byť

стојати

stáť

трчати

bežať

повлачити

ťahať

бацити

hádzať

падати

padnúť

лежати

ležať

чекати

čakať

носити

nosiť

седити

sedieť

облачити

obliecť sa

спавати

spať

пробудити се

zobudiť sa

гледати

pozerať

плакати

plakať

миловати

hladkať

чешљати

česať

говорити

hovoriť

разумети

rozumieť

питати

pýtať sa

слушати

počuť

пити

piť

јести

jesť

поспремити

upratať

волети

milovať

кухати

variť

возити

jazdiť

летети

letieť

пловити

plachtiť

рачунати

počítať

читати

čítať

учити

učiť sa

радити

pracovať

венчати се

oženiť

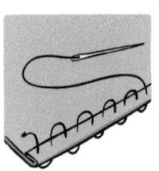

шити

šiť

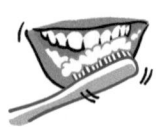

прати зубе

čistiť zuby

убити

zabiť

пушити

fajčiť

послати

poslať

породица
rodina

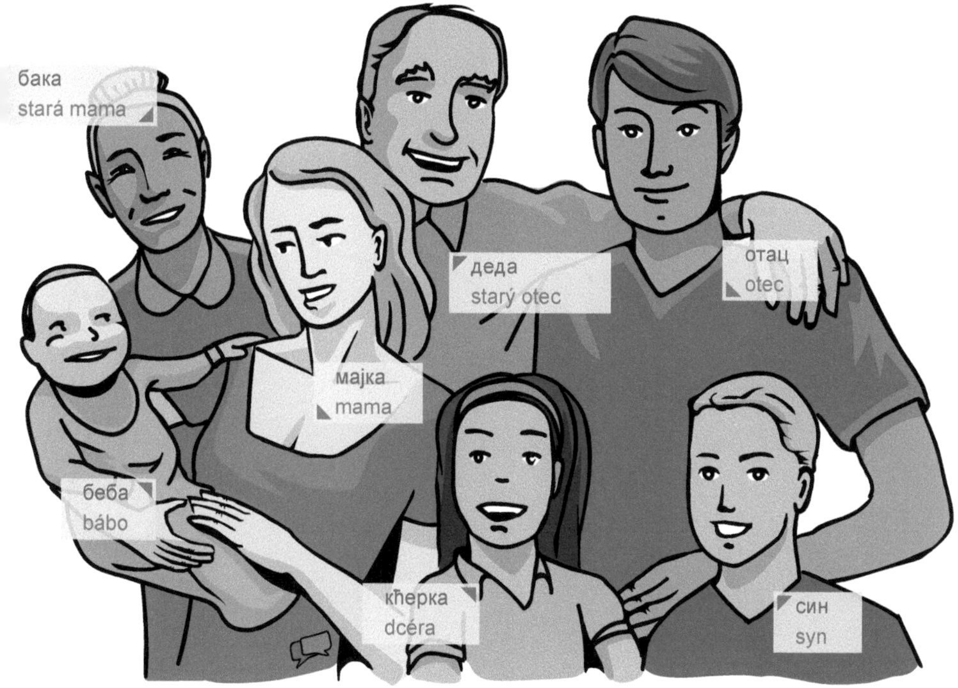
бака
stará mama
деда
starý otec
отац
otec
мајка
mama
беба
bábo
кћерка
dcéra
син
syn

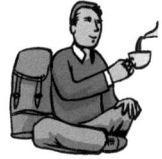

гост

hosť

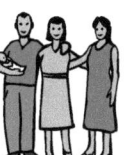

тетка

teta

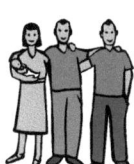

ујак, стриц

strýko

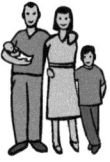

брат

brat

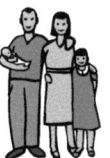

сестра

sestra

тело

telo

чело
čelo
око
oko
раме
plece
прст
prst
лице
tvár
брада
brada
рука
ruka
нога
noha
груди
hruď
рука
rameno

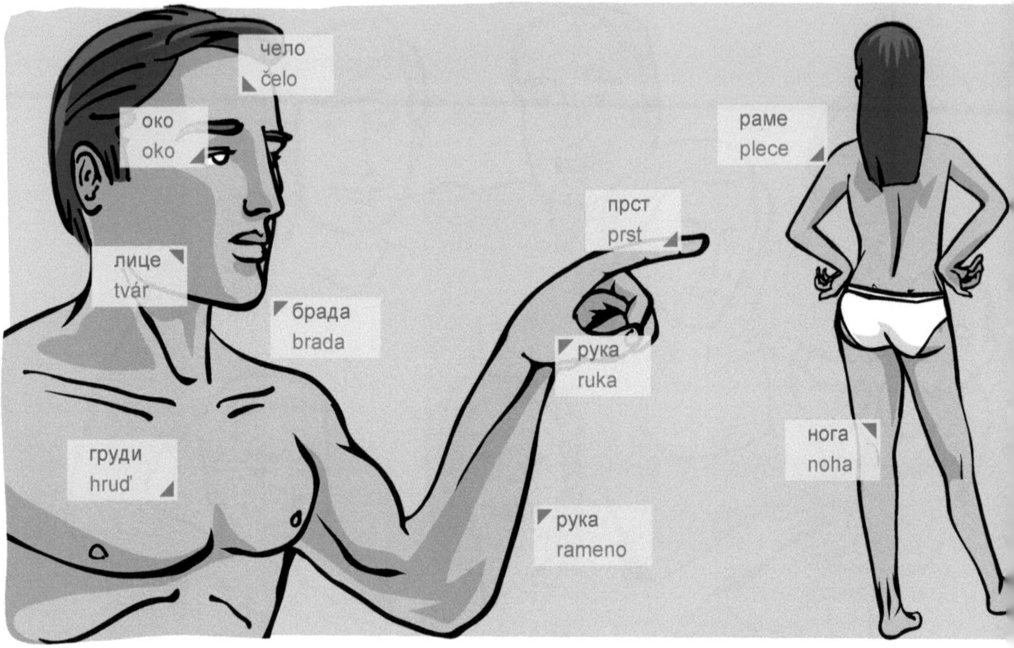

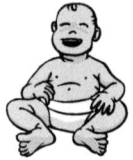

беба

bábo

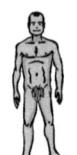

мушкарац

muž

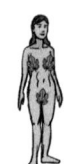

жена

žena

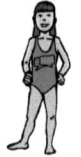

девојчица

dievča

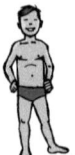

дечак

chlapec

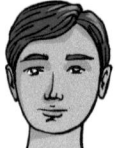

глава

hlava

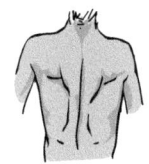

леђа

chrbát

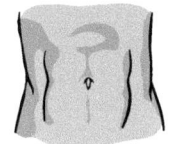

стомак

brucho

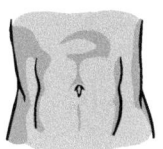

пупак

pupok

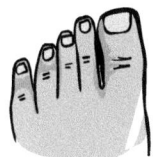

ножни прст

prst na nohe

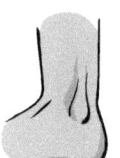

пета

päta

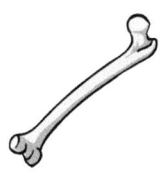

кост

kosť

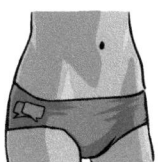

кукови

bok

колено

koleno

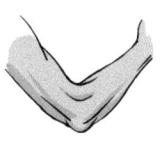

лакат

lakeť

нос

nos

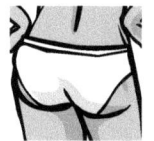

задњица

zadok

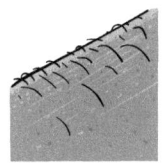

кожа

koža

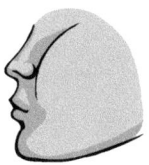

образ

líce

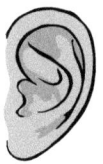

уво

ucho

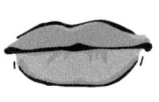

усна

pery

уста

ústa

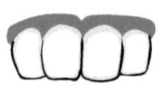

зуб

zub

језик

jazyk

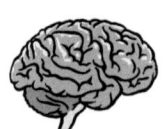

мозак

mozog

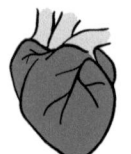

срце

srdce

мишић

svaly

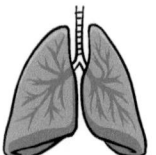

плућа

pľúca

јетра

pečeň

желудац

žalúdok

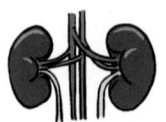

бубрези

obličky

полни однос

pohlavný styk

кондом

kondóm

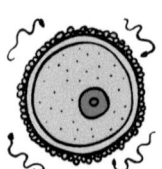

јајна ћелија

vaječná bunka

сперма

semeno

трудноћа

tehotenstvo

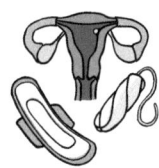

менструација
menštruácia

вагина
vagína

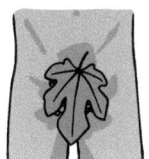

пенис
penis

обрва
obočie

коса
vlasy

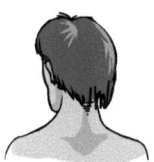

врат
krk

болница

nemocnica

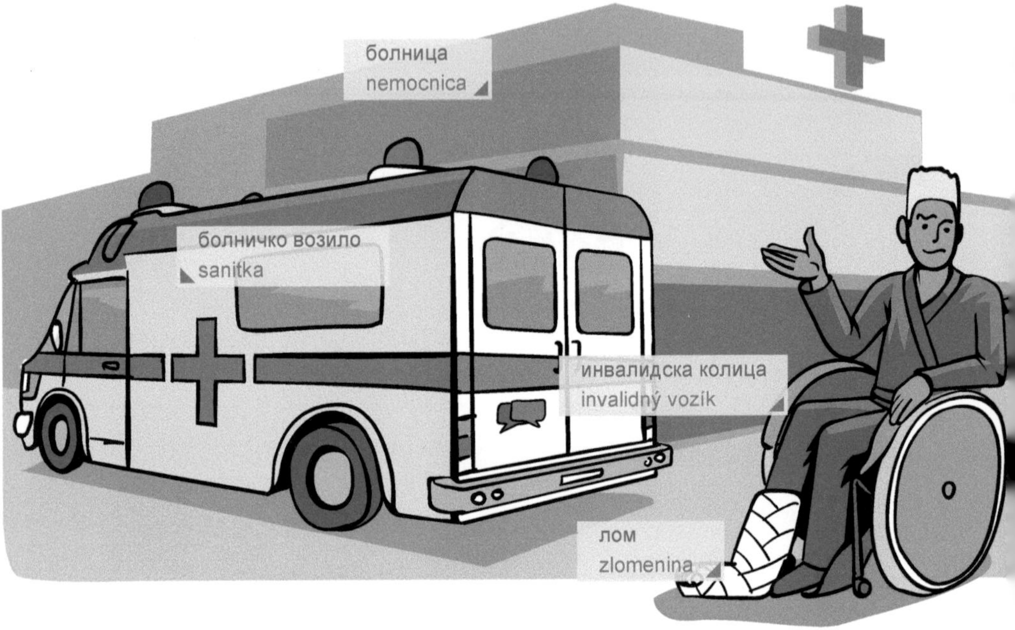

болница
nemocnica
болничко возило
sanitka
инвалидска колица
invalidný vozík
лом
zlomenina

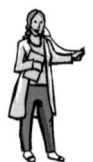

лекар

lekár

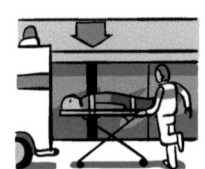

хитна медицинска служба

urgentný príjem

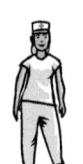

медицинска сестра

sestrička

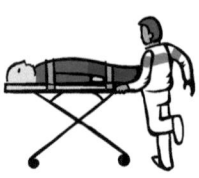

хитни случај

urgentný prípad

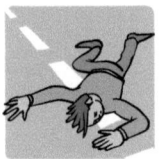

несвест

v bezvedomí

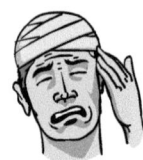

бол

bolesť

повреда

zranenie

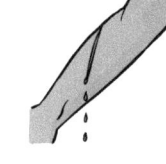

крварење

krvácanie

срчани удар

srdcový infarkt

удар

mozgová porážka

алергија

alergia

кашаљ

kašeľ

грозница

teplota

грипа

chrípka

пролив

hnačka

главобоља

bolesť hlavy

рак

rakovina

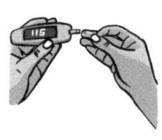

дијабетес

cukrovka

хирург

chirurg

скалпел

skalpel

операција

operácia

цт

CT

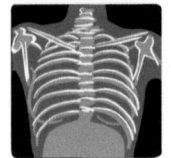

рентген

RTG

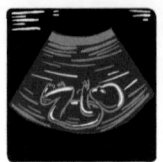

ултразвук

ultrazvuk

маска

maska

болест

choroba

чекаона

čakáreň

штака

barla

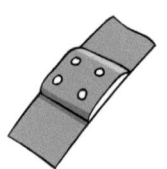

фластер

náplasť

завој

obväz

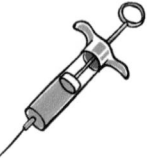

ињекција

injekcia

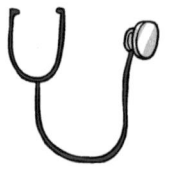

стетоскоп

fonendoskop

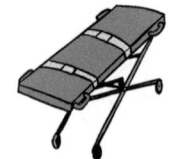

носила

nosidlá

термометар

teplomer

рођење

pôrod

прекомерна тежина

nadváha

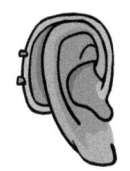

слушни апарат

audiofón

средство за дезинфекцију

dezinfekčný prostriedok

инфекција

infekcia

вирус

vírus

хив / аидс

HIV / AIDS

медицина

medicína

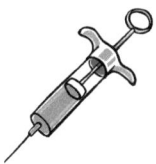

вакцинација

očkovanie

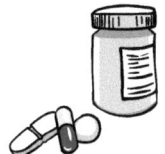

таблете

tabletky

пилула

antikoncepčná pilulka

хитни позив

tiesňové volanie

уређај за мерење притиска

tlakomer

болесно / здраво

chorý / zdravý

помоћ!

Pomoc!

аларм

alarm

насртај

prepad

напад

útok

опасност

nebezpečenstvo

излаз у случају нужде

núdzový východ

пожар!

Horí!

противпожарни апарат

hasičský prístroj

незгода

nehoda

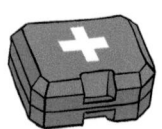

кутија прве помоћи

kufrík prvej pomoci

сос

SOS

полиција

polícia

Европа

Európa

Северна Америка

Severná Amerika

Јужна Америка

Južná Amerika

Африка

Afrika

Азија

Ázia

Аустралија

Austrália

Атлантик

Atlantický oceán

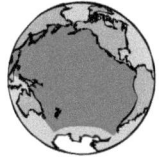

Пацифик

Tichý oceán

Индијски океан

Indický oceán

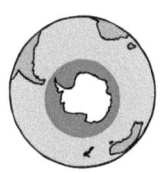

Антарктички океан

Južný oceán

Арктички океан

Severný ľadový oceán

Северни рол

Severný pól

Јужни рол

Južný pól

Антарктик

Antarktída

земља

Zem

земља

krajina

море

more

оток

ostrov

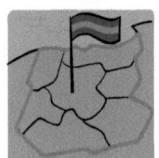

нација

národ

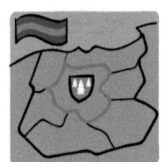

држава

štát

бројчаник сата

ciferník

сатна казаљка

hodinová ručička

минутна казаљка

minútová ručička

секундна казаљка

sekundová ručička

Колико је сати?

Koľko je hodín?

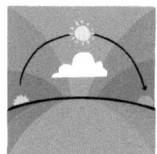

дан

deň

време

čas

сада

teraz

дигитални сат

digitálne hodiny

минута

minúta

час

hodina

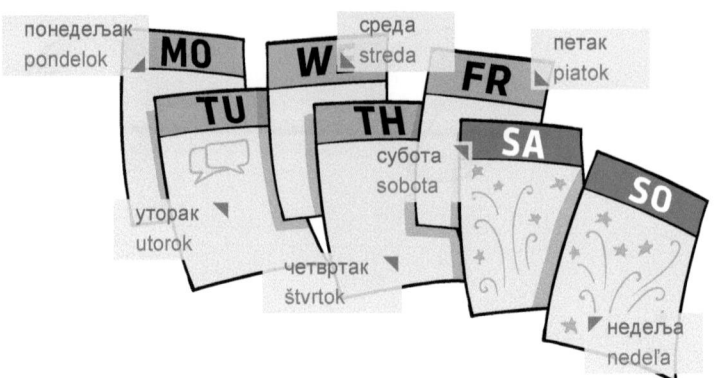

понедељак
pondelok
MO

TU
уторак
utorok

среда
streda
W

TH
четвртак
štvrtok

петак
piatok
FR

SA
субота
sobota

SO
недеља
nedeľa

јуче
....
včera

данас
....
dnes

сутра
....
zajtra

јутро
....
ráno

подне
....
poludnie

вече
....
večer

MO	TU	WE	TH	FR	SA	SU
1	2	3	4	5	6	7
8	9	10	11	12	13	14
15	16	17	18	19	20	21
22	23	24	25	26	27	28
29	30	31	1	2	3	4

радни дани
....
pracovné dni

MO	TU	WE	TH	FR	SA	SU
1	2	3	4	5	6	7
8	9	10	11	12	13	14
15	16	17	18	19	20	21
22	23	24	25	26	27	28
29	30	31	1	2	3	4

викенд
....
víkend

година

rok

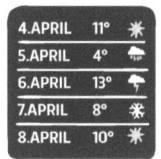

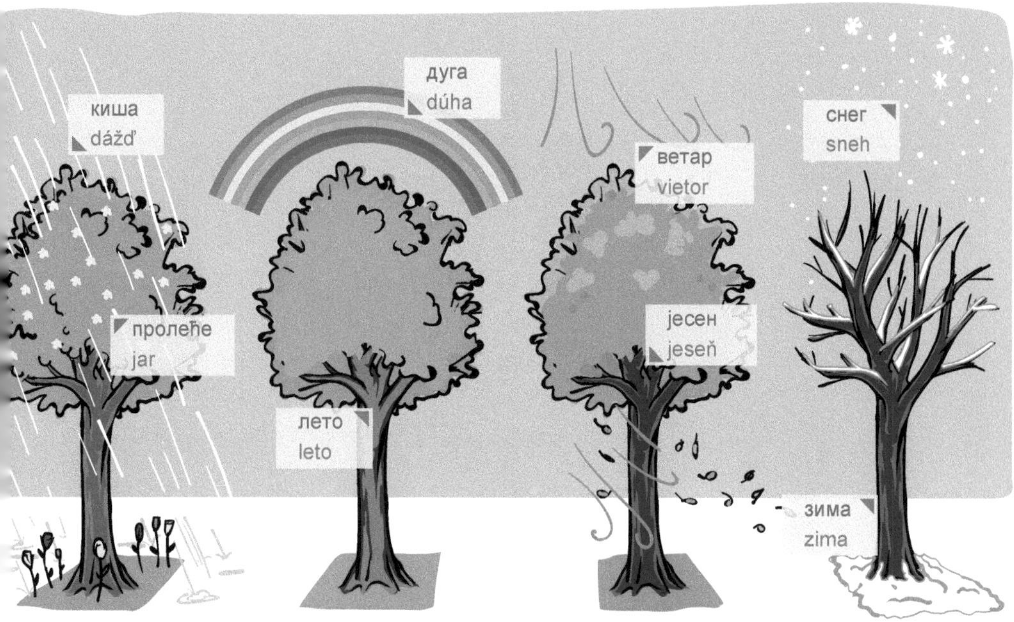
киша
dážď
дуга
dúha
ветар
vietor
снег
sneh
пролеће
jar
јесен
jeseň
лето
leto
зима
zima

4.APRIL 11°
5.APRIL 4°
6.APRIL 13°
7.APRIL 8°
8.APRIL 10°

етеоролошка прогноза

predpoveď počasia

F
C
120
90
60
30
0
-30
40
30
20
10
0
-10
-20

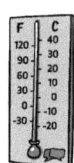

термометар

teplomer

сунчана светлост

slnečný svit

облак

oblak

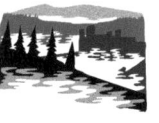

магла

hmla

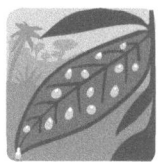

влажност ваздуха

vlhkosť vzduchu

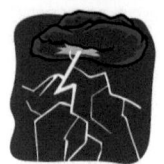

муња
blesk

грмљавина
hrom

олуја
búrka

туча
krúpy

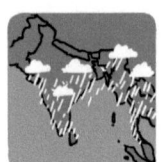

монсун
monzún

поплава
záplava

лед
ľad

јануар
január

фебруар
február

март
marec

април
apríl

мај
máj

јуни
jún

јули
júl

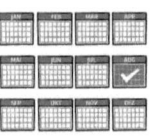

август
august

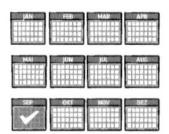

септембар

september

октобар

október

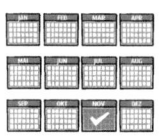

новембар

november

децембар

december

облици
tvary

круг

kruh

квадрат

štvorec

правоугао

obdĺžnik

троугао

trojuholník

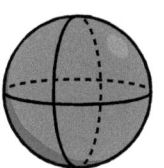

кугла

guľa

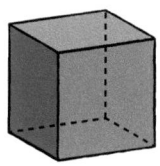

коцка

kocka

бела

biela

жута

žltá

наранџаста

oranžová

ружичаста

ružová

црвена

červená

љубичаста

fialová

плава

modrá

зелена

zelená

смеђа

hnedá

сива

šedá

црна

čierna

много / мало

veľa / málo

љутито / мирно

zúrivý / pokojný

лепо / ружно

pekný / škaredý

почетак / крај

začiatok / koniec

велико / малено

veľký / malý

светло / тамно

svetlý / tmavý

брат / сестра

brat / sestra

чисто / прљаво

čistý / špinavý

потпуно / непотпуно

úplný / neúplný

дан / ноћ

deň / noc

мртво / живо

mŕtvy / živý

широко / уско

široký / úzky

jестиво / неjестиво

chutný / nechutný

зло / добро

zlostný / láskavý

узбуђено / досадно

vzrušený / unudený

дебело / мршаво

tlstý / chudý

на почетку / на краjу

prvý / posledný

приjатељ / неприjатељ

priateľ / nepriateľ

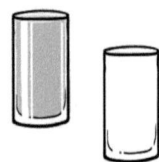

пуно / празно

plný / prázdny

тврдо / мекано

tvrdý / mäkký

тешко / лагано

ťažký / ľahký

глад / жеђ

hlad / smäd

болесно / здраво

chorý / zdravý

илегално / легално

nelegálny / legálny

паметно / глупо

inteligentný / hlúpy

лево / десно

vľavo / vpravo

близу / далеко

blízko / ďaleko

ново / половно

nový / použitý

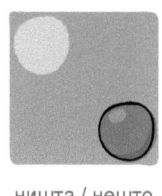

ништа / нешто

nič / niečo

старо / младо

starý / mladý

укључено / искључено

zapnuté / vypnuté

отворено / затворено

otvorené / zatvorené

тихо / гласно

tichý / hlasný

богато / сиромашно

bohatý / chudobný

тачно / погрешно

správne / nesprávne

храпаво / глатко

drsný / hladký

тужно / сретно

smutný / šťastný

кратко / дуго

krátky / dlhý

полако / брзо

pomaly / rýchlo

мокро / сухо

mokrý / suchý

топло / хладно

teplý / studený

рат / мир

vojna / mier

0

нула

nula

1

један

jeden

2

два

dva

3

три

tri

4

четири

štyri

5

пет

päť

6

шест

šesť

7

седам

sedem

8

осам

osem

9

девет

deväť

10

десет

desať

11

једанаест

jedenásť

12

дванаест

dvanásť

13

тринаест

trinásť

14

четрнаест

štrnásť

15

петнаест

pätnásť

16

шестнаест

šestnásť

17

седамнаест

sedemnásť

18

осамнаест

osemnásť

19

деветнаест

devätnásť

20

двадесет

dvadsať

100

стотину

sto

1.000

хиљаду

tisíc

1.000.000

милион

milión

енглески

angličtina

амерички енглески

americká angličtina

мандарински кинески

mandarínska čínština

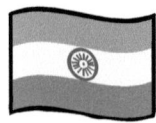

хиндски

hindčina

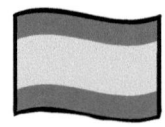

шпански

španielčina

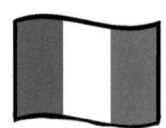

француски

francúzština

арапски

arabčina

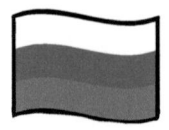

руски

ruština

португалски

portugalčina

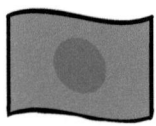

бенгалски

bengálčina

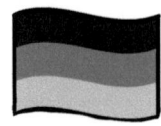

немачки

nemčina

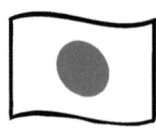

јапански

japončina

ja

ja

ти

ty

он / она / оно

on/ona/ono

ми

my

ви

vy

они

oni

Ко?

kto?

Шта?

čo?

Како?

ako?

Где?

kde?

Када?

kedy?

име

meno

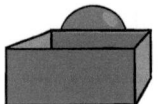

иза
....
za

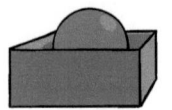

у
....
v

испред
....
pred

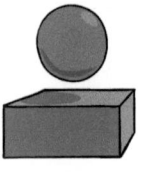

преко
....
nad

на
....
na

испод
....
pod

поред
....
vedľa

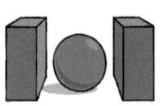

између
....
medzi

место
....
miesto